AF281451

SOLEDADES

PURIFICACIÓN DEL BOSQUE

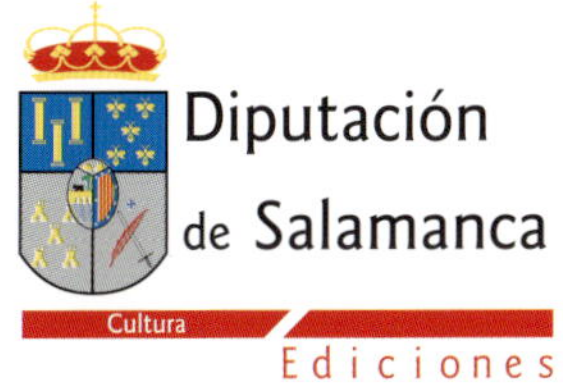

EDICIONES DE LA DIPUTACIÓN DE SALAMANCA
Serie catálogos, n.º 286

1.ª edición: noviembre 2025

© Diputación de Salamanca

Montaje: Hermanos Feltrero

ediciones@lasalina.es
www.lasalina.es/cultura

ISBN: 978-84-7797-791-9
Depósito Legal: S 422-2025

MAQUETACIÓN:
Juan Antonio Espericueta Hernández

IMPRESIÓN:
Roger Artes Gráficas

A través de las obras que podemos contemplar en esta muestra, la artista intenta darnos una visión de su personalidad. El uso de distintos materiales como el papel o las telas harán aflorar en sus composiciones la necesidad de transformar esos sentimientos en color que va invadiendo el espacio.

Colores armónicos de un paisaje, que en ese momento le rodea y le dejan huella, consiguiendo una interpretación que hoy nos muestra y en la que queda reflejado los pensamientos y experiencias vividas en esos momentos.

Mediante las tallas sobre madera y la utilización de telas de diferentes texturas, la superficie se desdobla en distintos niveles que van configurando la imagen con un desarrollo luminoso y armónico.

Evocan una naturaleza en ocasiones representativa y en otras alegórica comprendida entre la figuración y la abstracción formal.

Esperamos que el recorrido por estas salas despierten tantas emociones como las que la pintora ha plasmado en su obra.

David Mingo Pérez
Diputado de Cultura

SOLEDADES

Antes de comenzar a caminar entre mis obras, quiero señalar brevemente algunas cuestiones que quizá ayuden a disfrutar mejor y comprender su origen.

Lo representado en esta exposición en gran parte soy yo, un diario emocional, racional en su planteamiento, pero visceral e instintivo a la hora de transformar los sentimientos en color, en aire, en silencio, en forma… Siempre hay algo que acontece en el acto a veces imprevisible de crear, en esa lucha interna en la que nunca es el fin, sino siempre un comienzo.

Cuando los sentimientos, las emociones y las conmociones son intensos, necesito tanto espacio como tiempo para investigar, comprender y hasta cierto punto agotar aquello que los causó. Por eso necesito varias imágenes que se complementen, que se acompañen y hablen entre ellas. Y en ese diálogo están firmemente implicados los materiales que utilizo, ya que estos tienen su propio lenguaje que se ha ido configurando en base a un proceso mental y a una selección sensorial de todo lo que las obras de los demás han ido sedimentando.

Las obras que presento en la exposición SOLEDADES tienen su origen en los años que pasé en tierras extremeñas. Está formada por dos series: SIBERIA y ALGIA.

SIBERIA (2019-2023), recibe su nombre de la zona noreste de la provincia de Badajoz. Una tierra solitaria y serena de embalses extensos como mares interiores, sierrillas y dehesas, alcornoques y jaras, dehesas y olivares…

ALGIA (2023-2025), es una serie largamente pensada y aplazada por diferentes acontecimientos de mi vida; su origen se remonta a hace diez años cuando visité en Castañar de Ibor, Cáceres, la ruta de Castaños de Calabazas.

Sobre la tierra donde crecen soledades
habita un cielo dormido,
un suelo de agua con caminos
y horizontes de luz nueva,
con viento de tiempo frío,
con pasos entre sombras y lluvias
y tardes heridas de noche buscando orillas.

Donde el ruido blanco de nubes y nombres
vacía de huellas las horas de octubre
y la espera se ahoga
donde el aire limpia ausencias.

Sobre el desterrado suelo,
sobre esta tierra viuda
de quejas sumida
                en silencio
                        de invierno
                                sobre sueños,
despiertan encuentros de alba serena.

Purificación del Bosque Nieto

SIBERIA

COMIENZO

Acrílico sobre madera | 50 x 200 cm | 2019

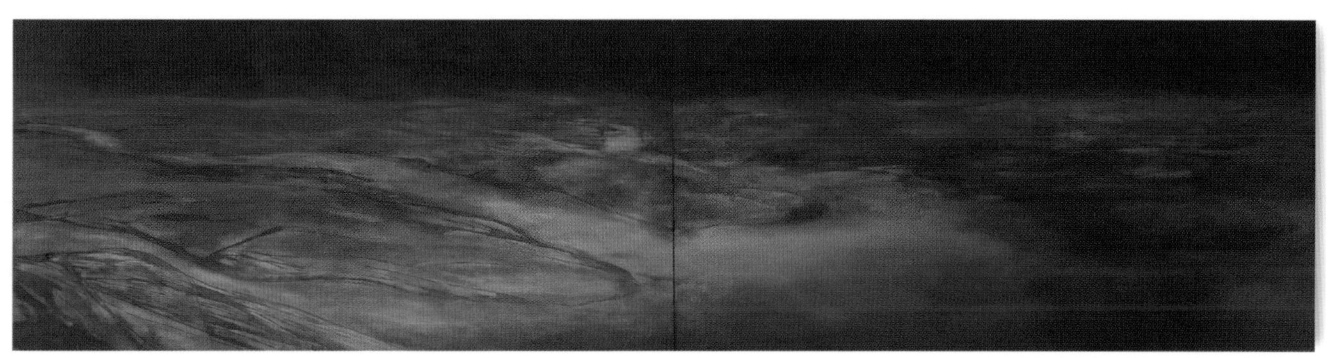

MEMORIA

Acrílico sobre madera | 50 x 200 cm | 2019

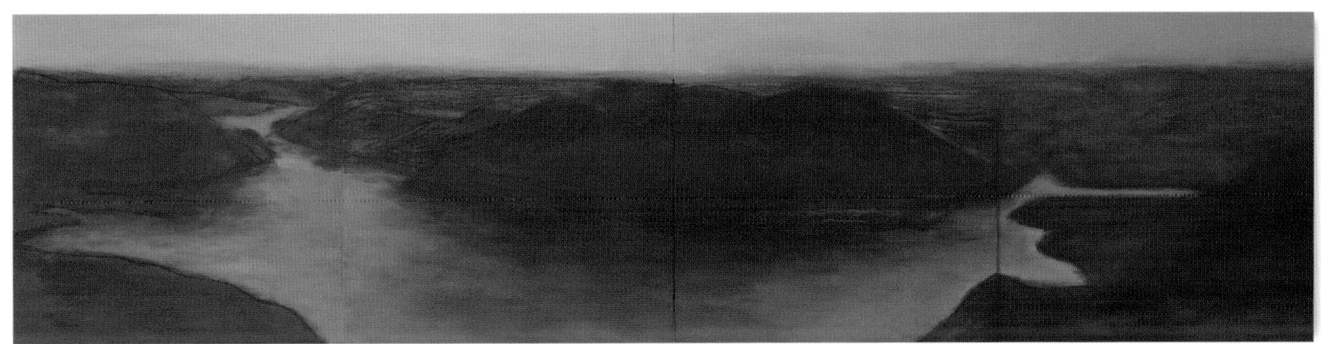

ESPERA DE PIEDRA
Acrílico sobre madera y tela | 130 x 300 cm | 2020

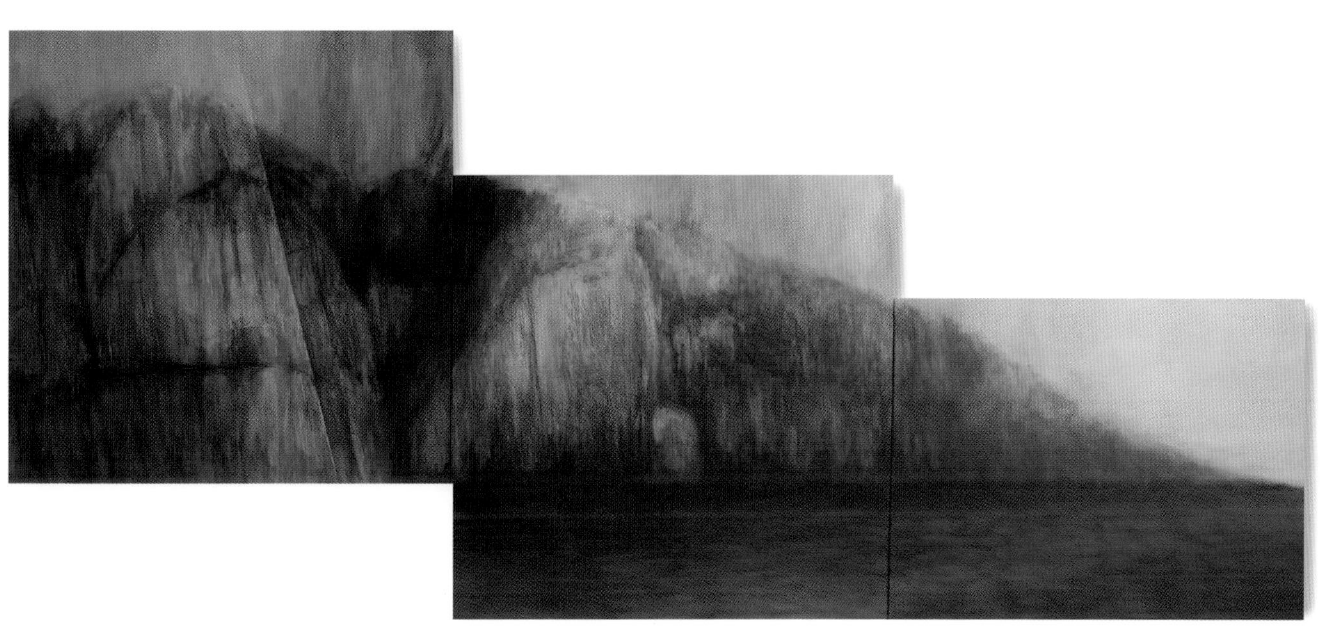

LUZ NUEVA

Acrílico sobre tela | 50 x 73 cm | 2021

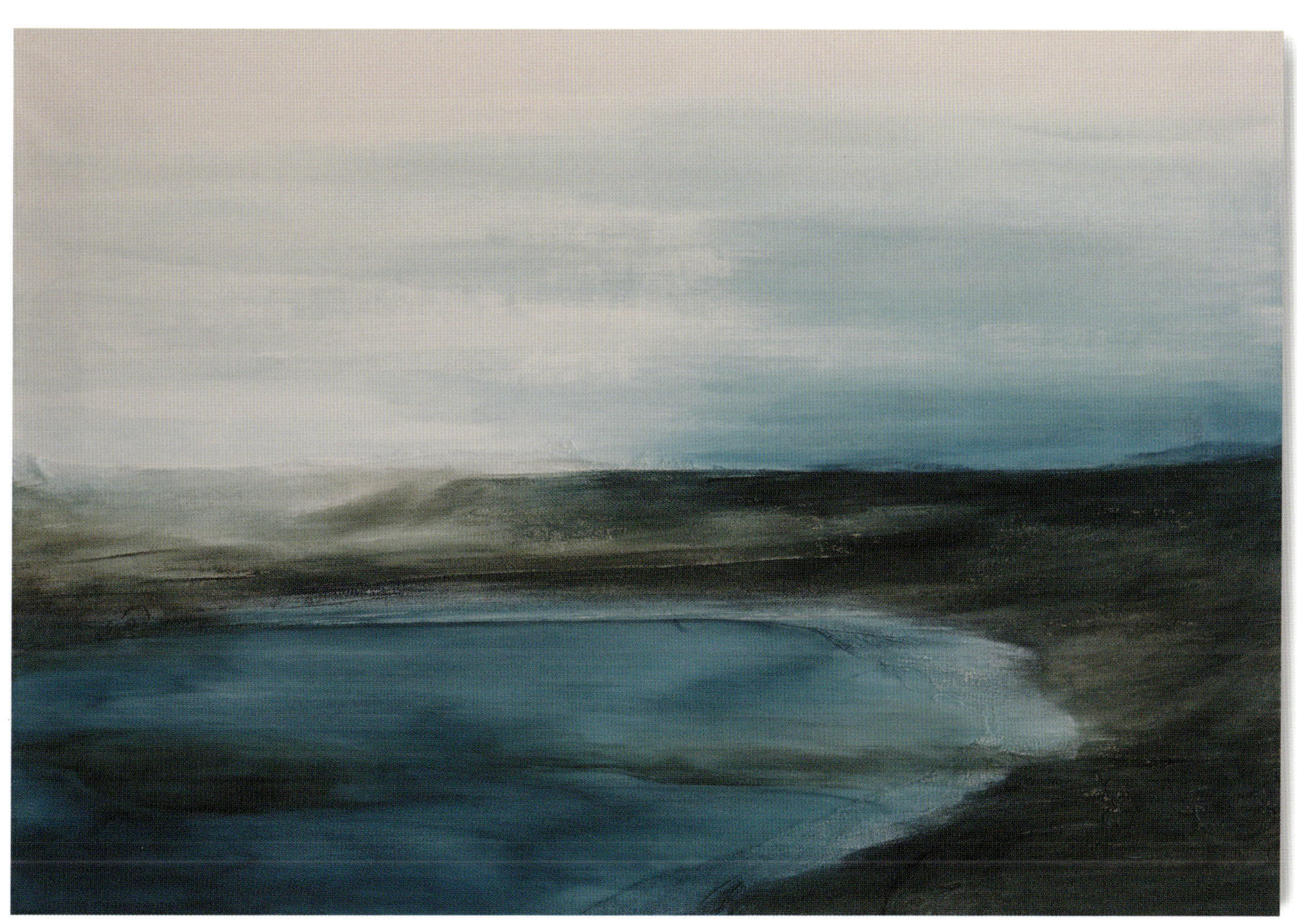

RECUERDOS DE LLUVIA

Acrílico sobre tela | 50 x 81 cm | 2022

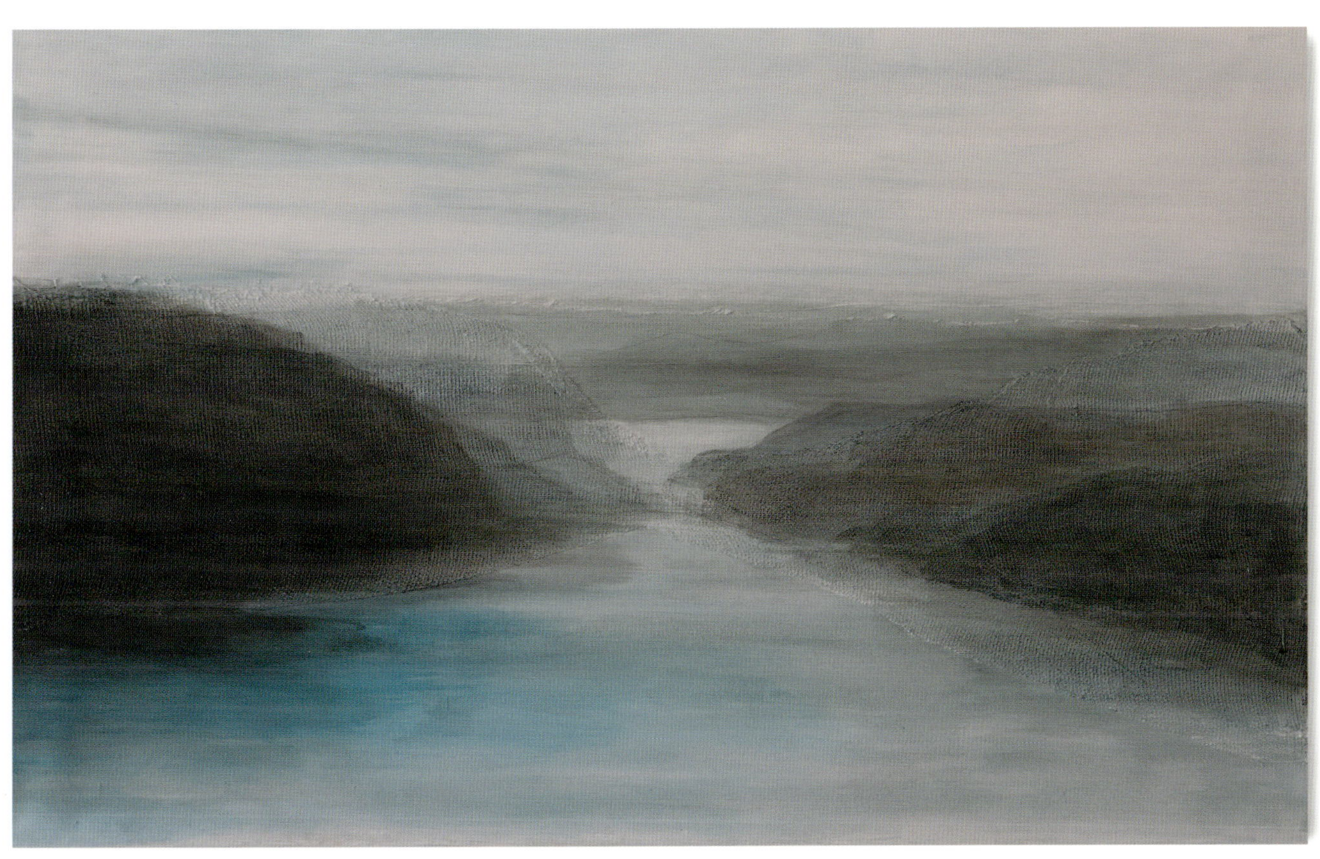

PARTIDA

Acrílico sobre madera y tela | 130 x 150 cm | 2022

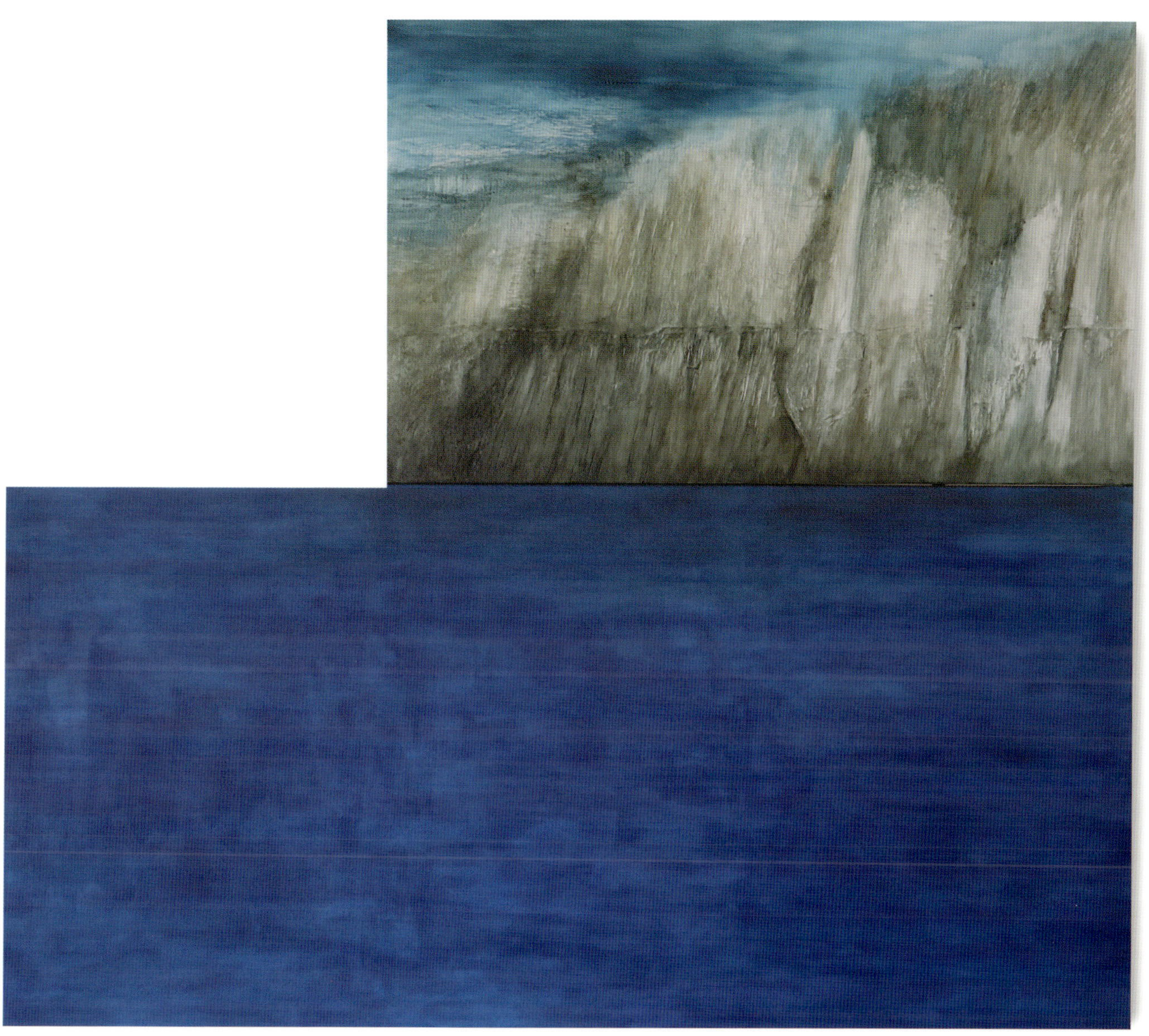

ENLACE

Acrílico sobre tela | 120 x 80 cm | 2023

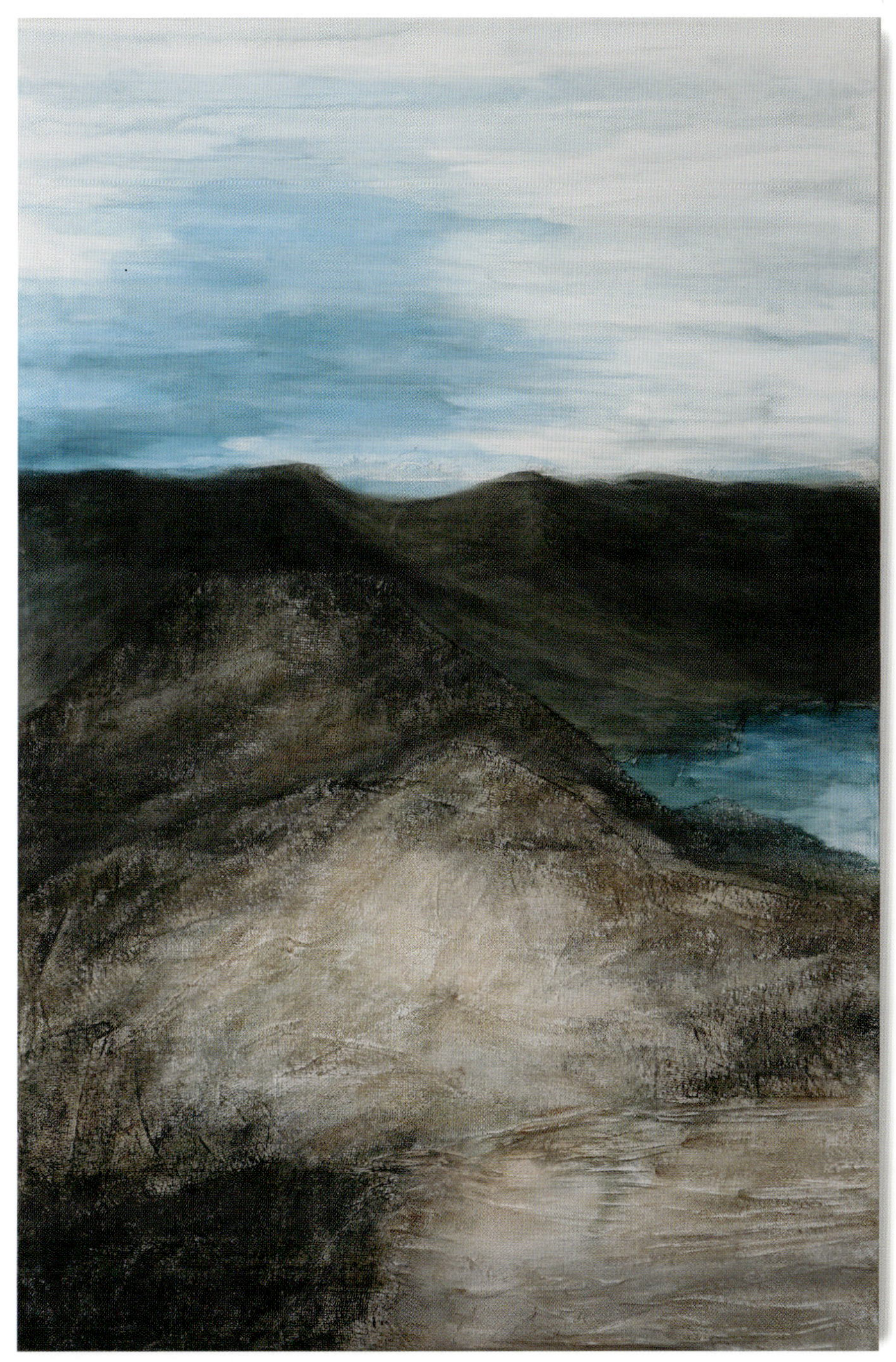

SOBRE COMIENZO I

Lápiz y pastel sobre papel | 45 x 65 cm | 2020

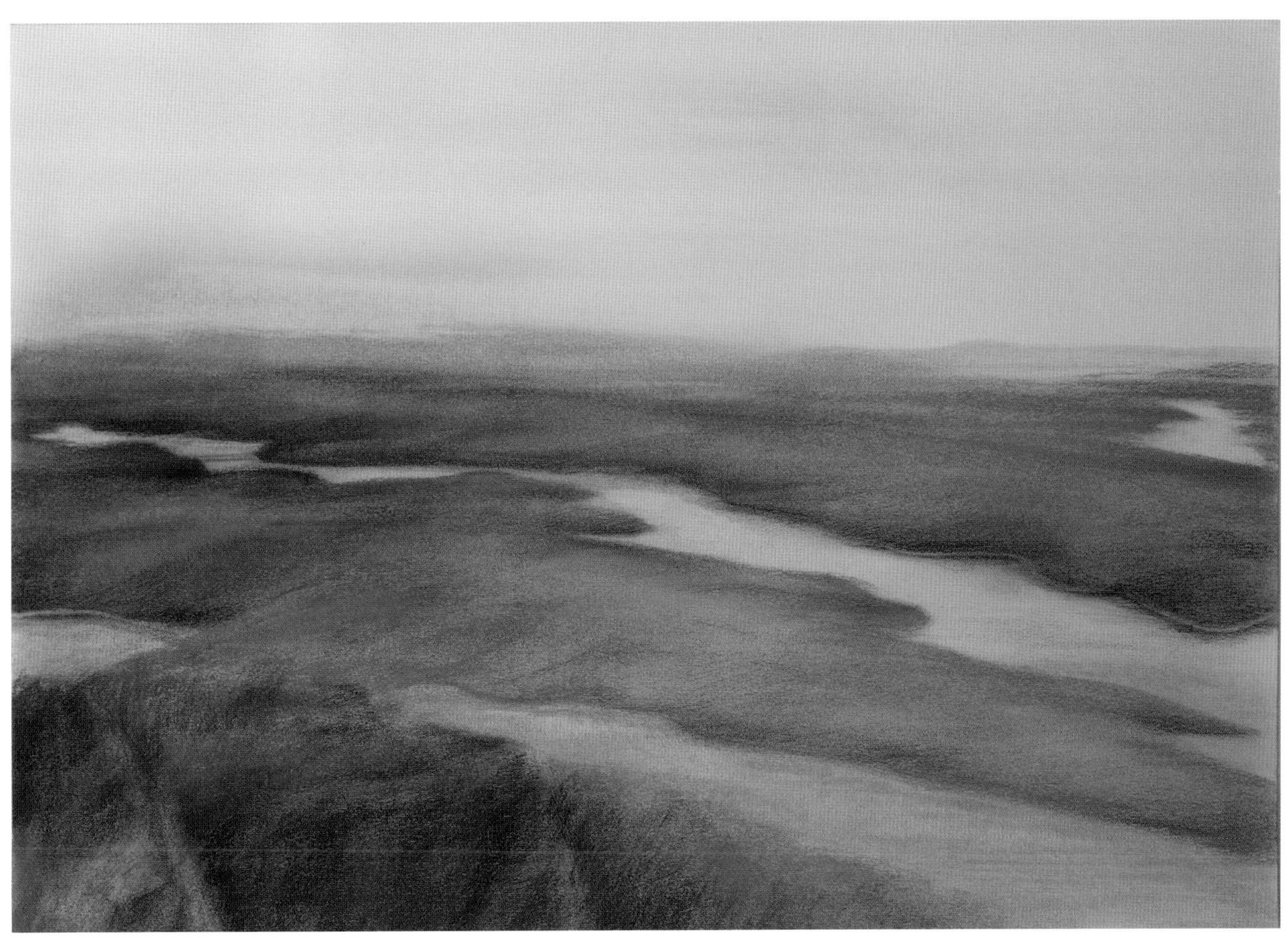

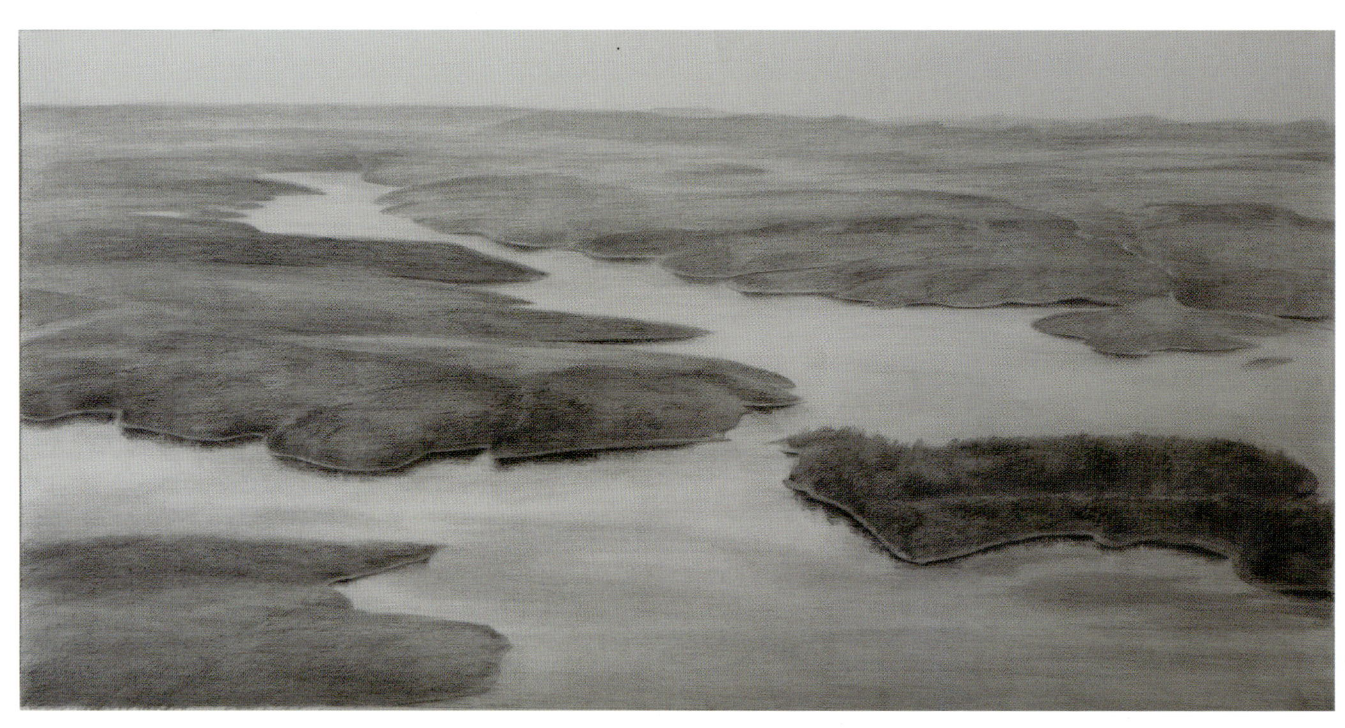

SOBRE COMIENZO II
Lápiz sobre papel | 35 x 70 cm | 2020

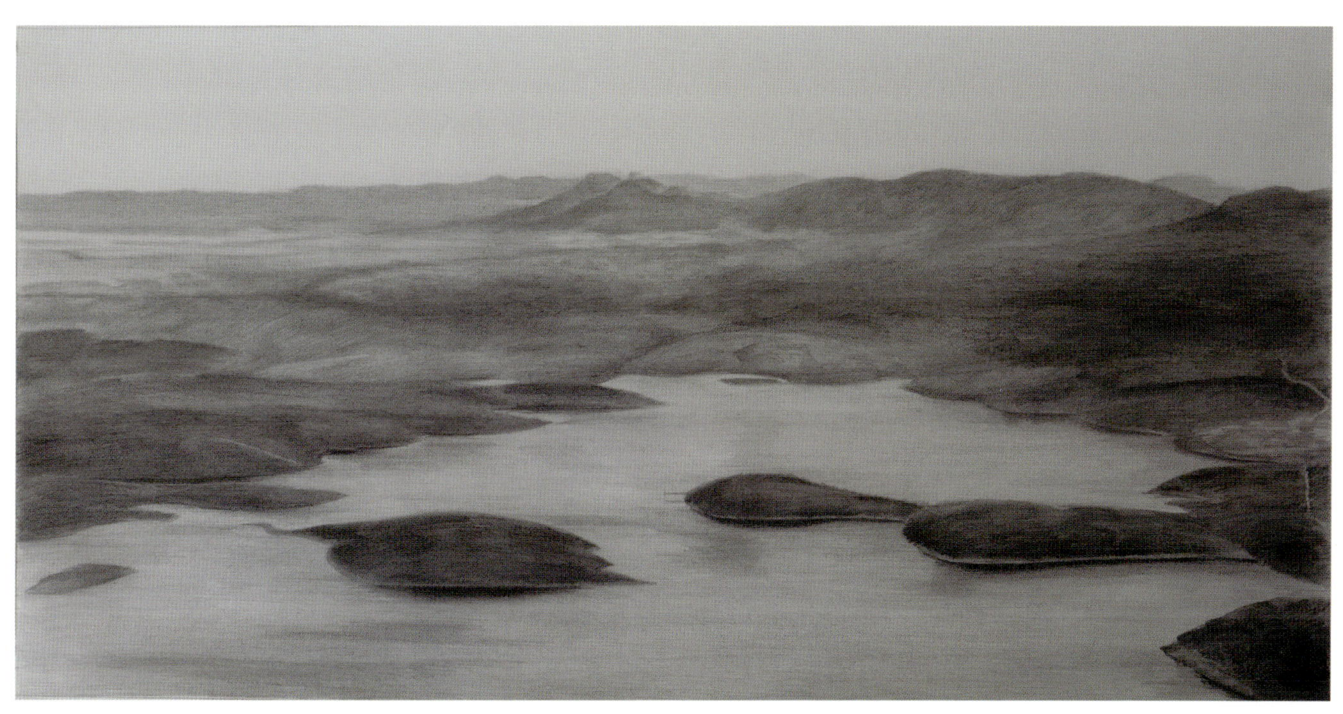

SOBRE COMIENZO III

Lápiz sobre papel | 35 x 70 cm | 2020

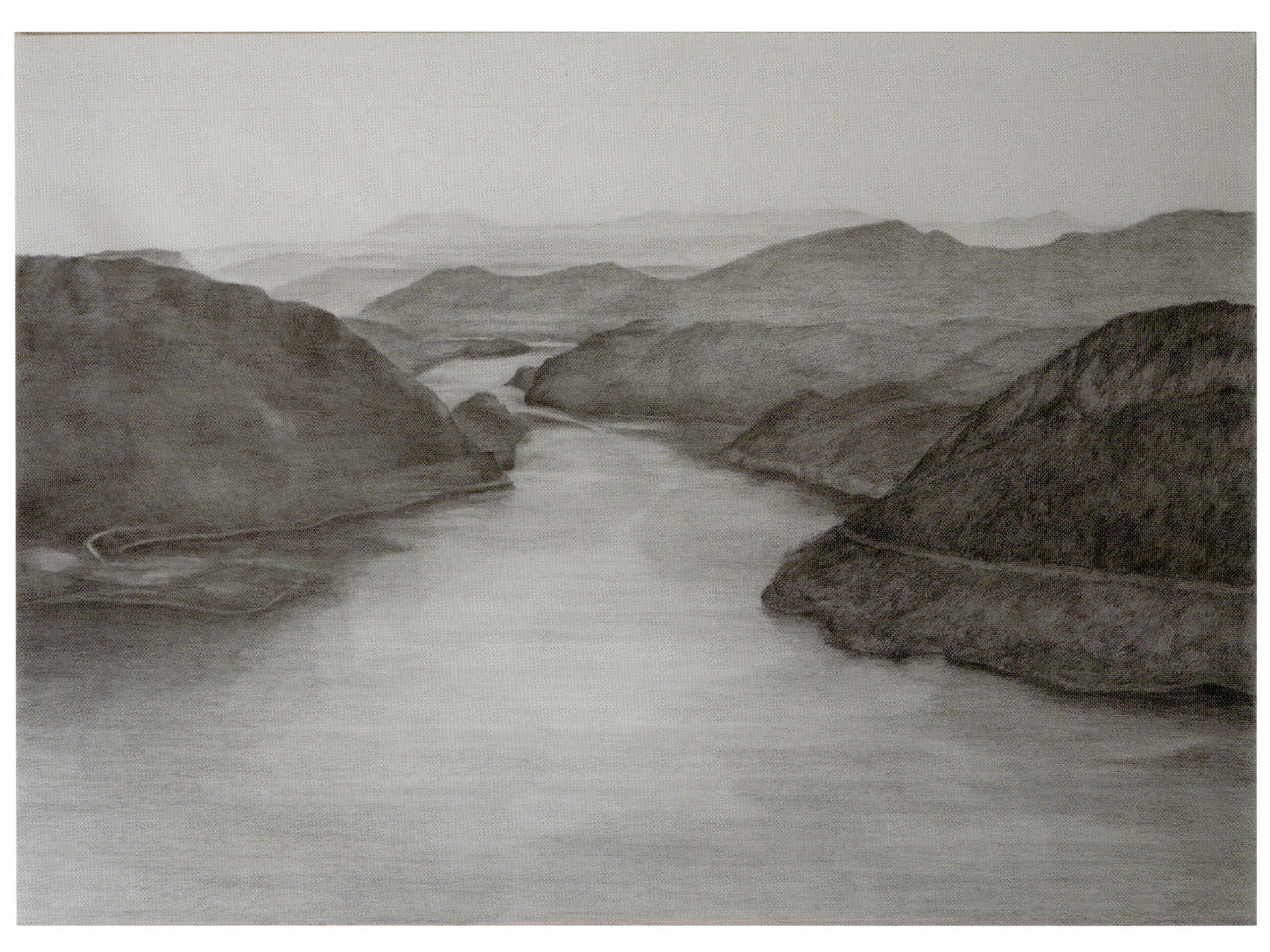

SOBRE MEMORIA I
Lápiz sobre papel | 45 x 65 cm | 2020

28

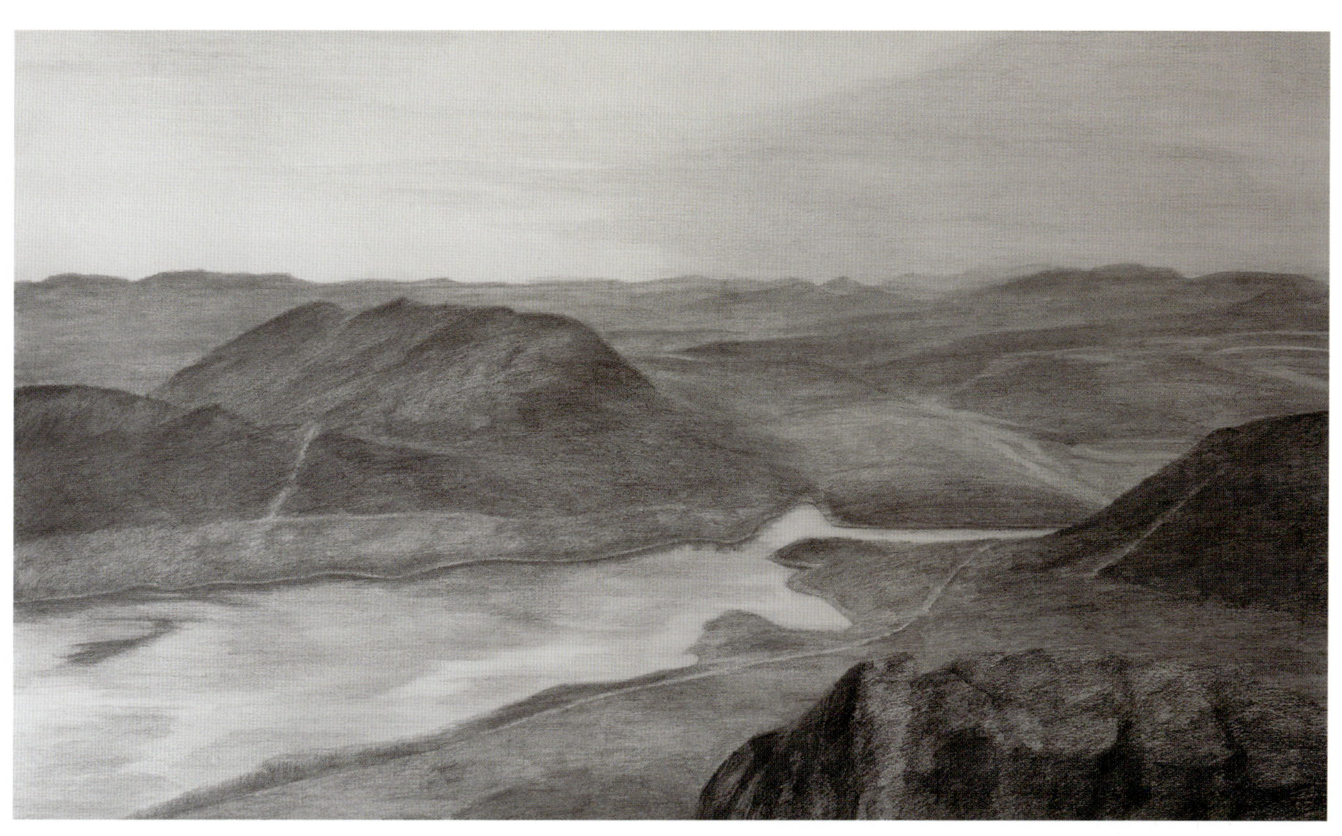

SOBRE MEMORIA II

Lápiz sobre papel | 35 x 60 cm | 2020

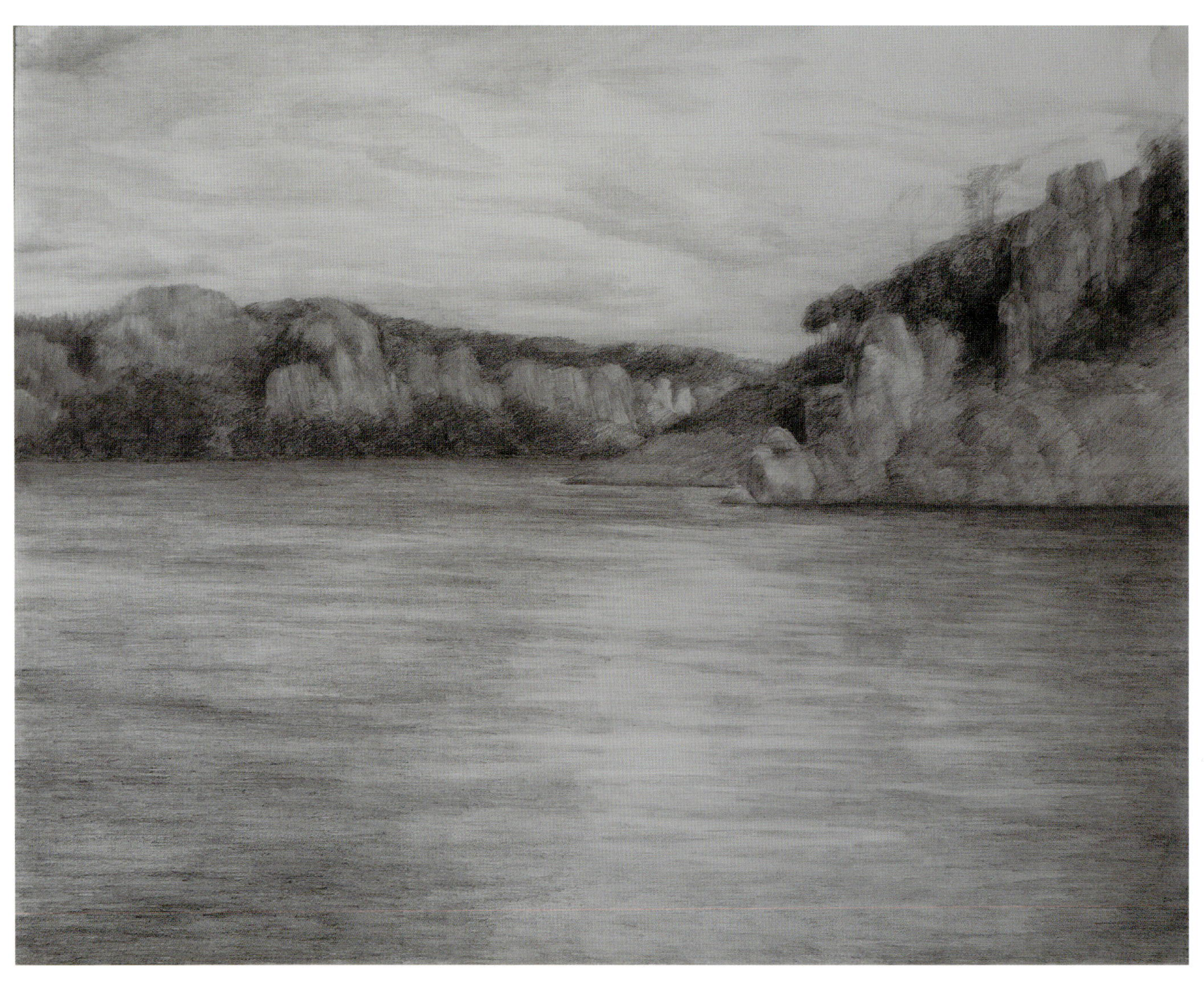

SOBRE HACIA EL MURO
Lápiz sobre papel | 50 x 65 cm | 2022

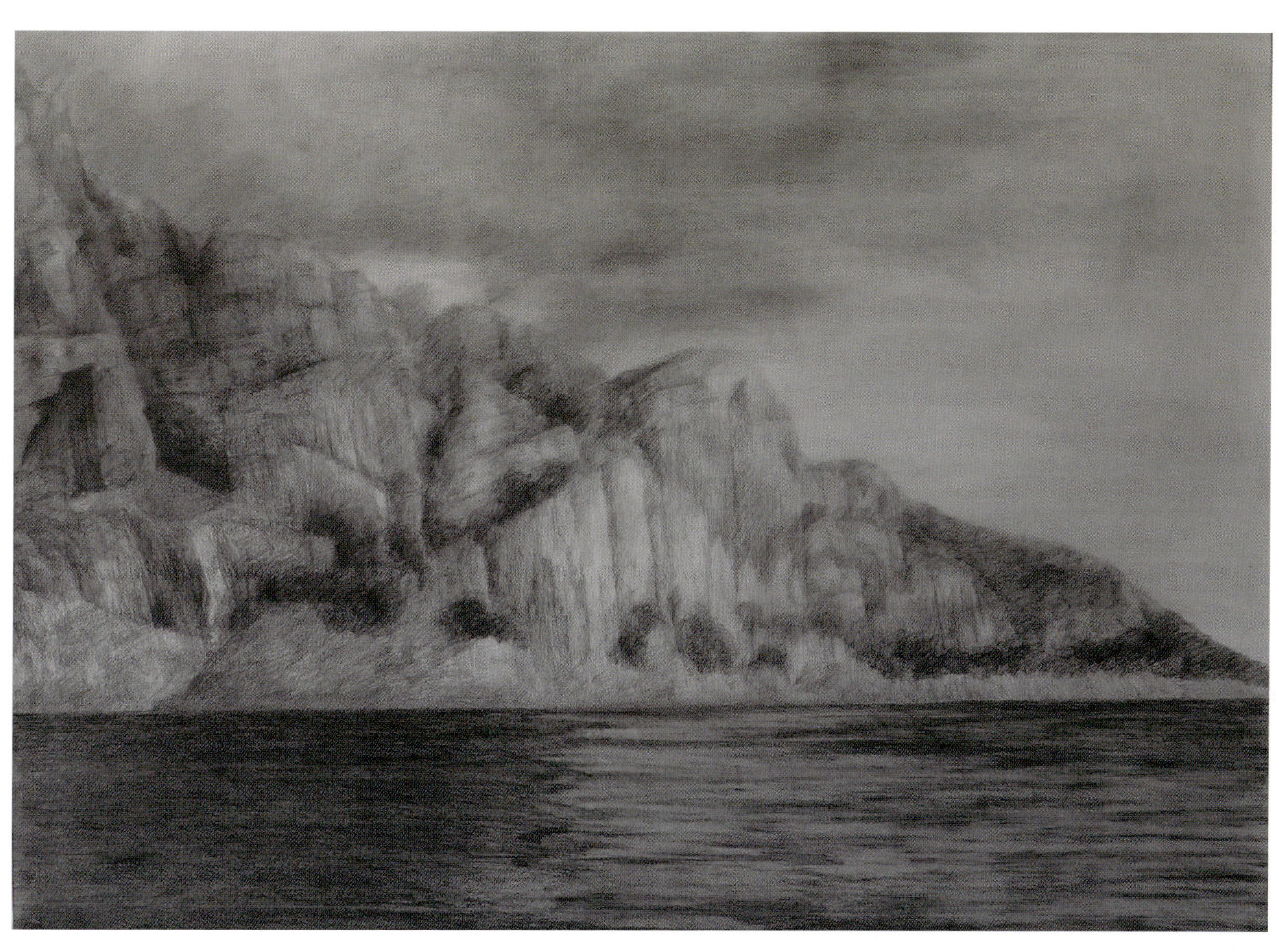

SOBRE ESPERA DE PIEDRA

Lápiz sobre papel | 49 x 70 cm | 2022

ALGIA

CAMIO
Acrílico sobre tela y madera | 120 x 60 cm | 2023

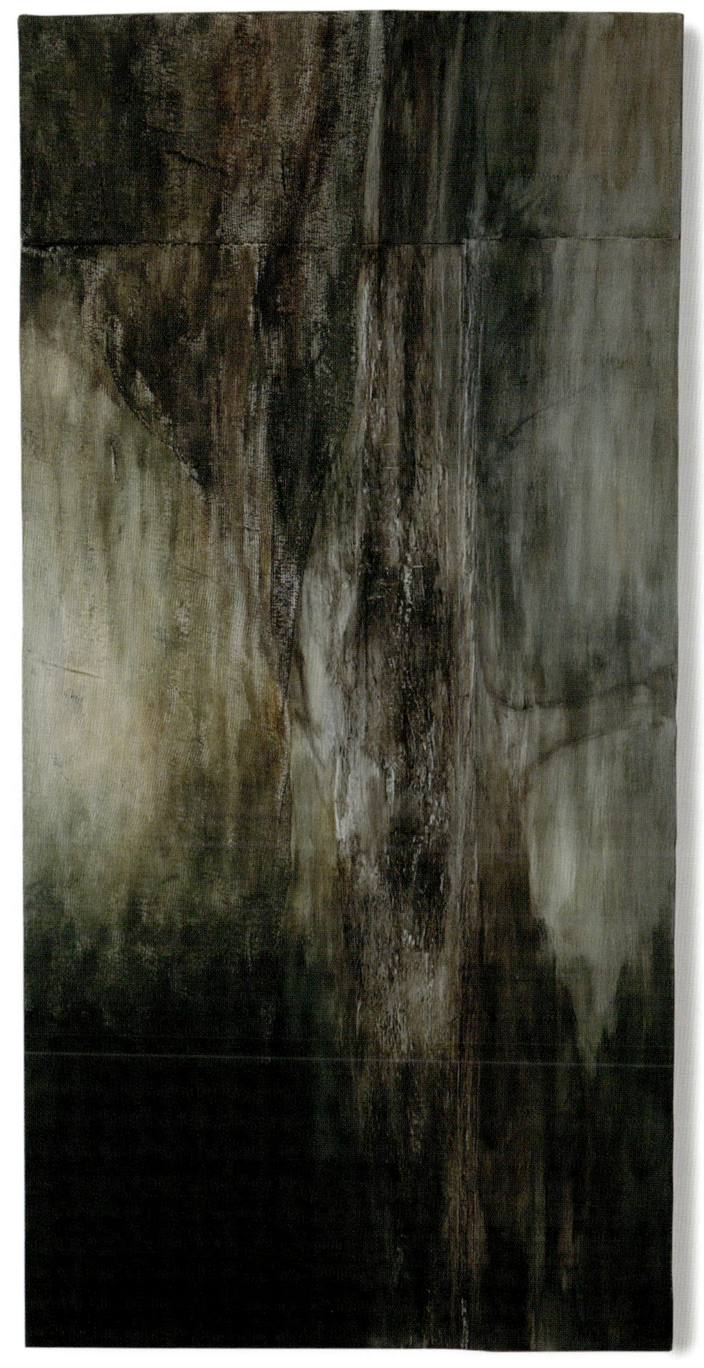

NOXA

Acrílico sobre tela | 130 x 50 cm | 2023

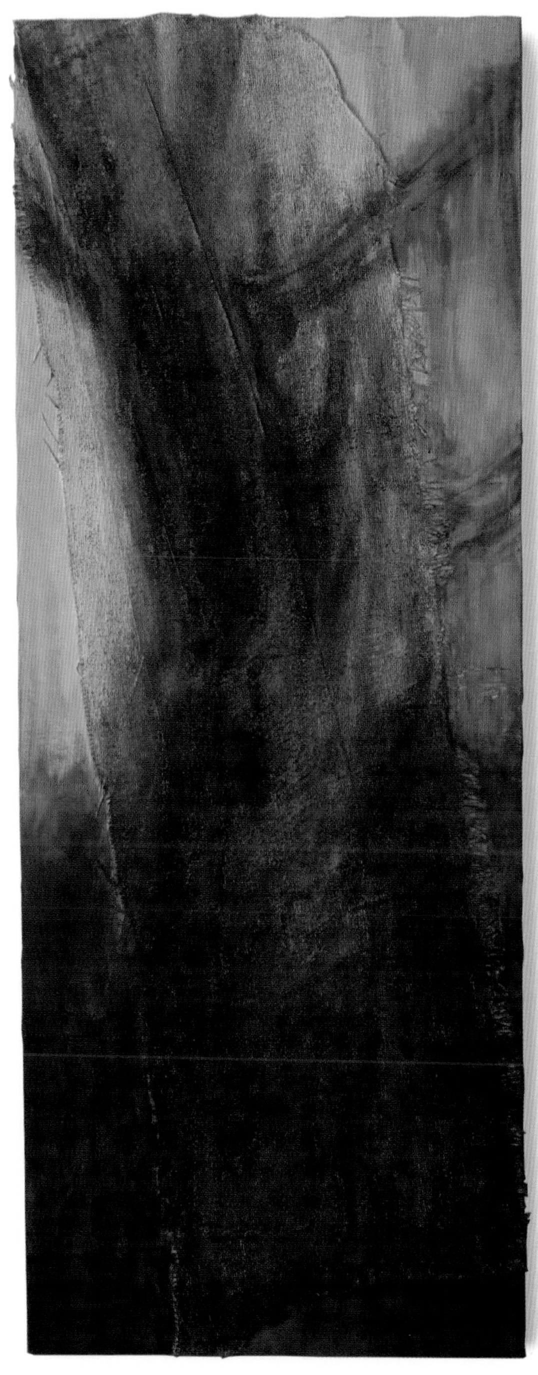

NOEMA

Acrílico sobre tela | 130 x 50 cm | 2023

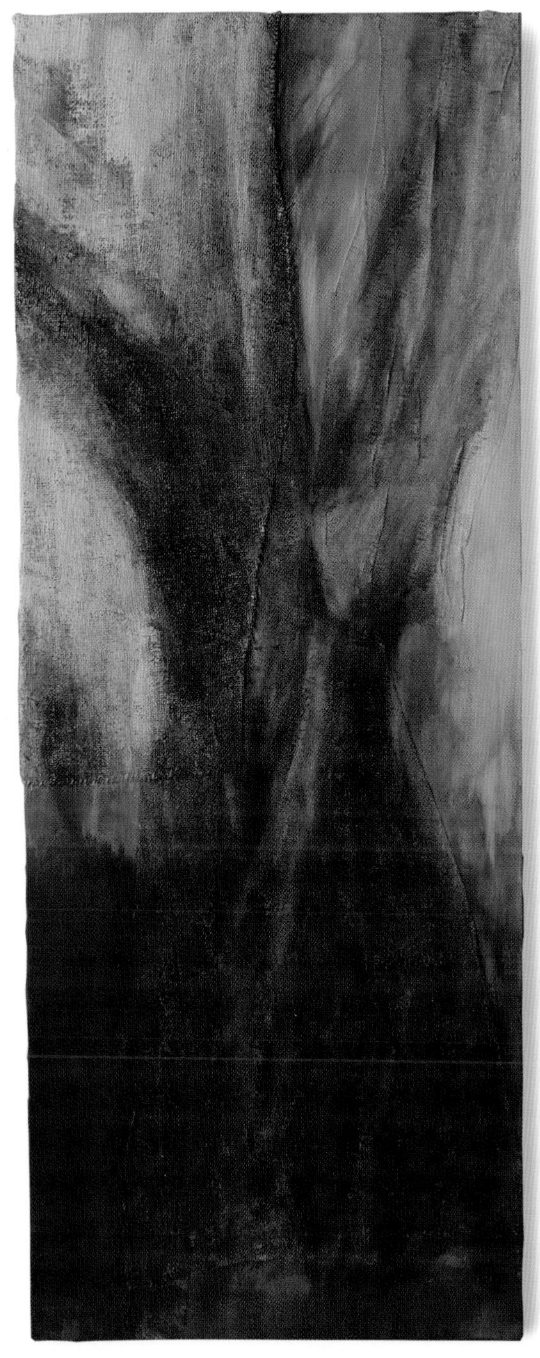

MIELO

Acrílico sobre tela y madera | 120 x 60 cm | 2023

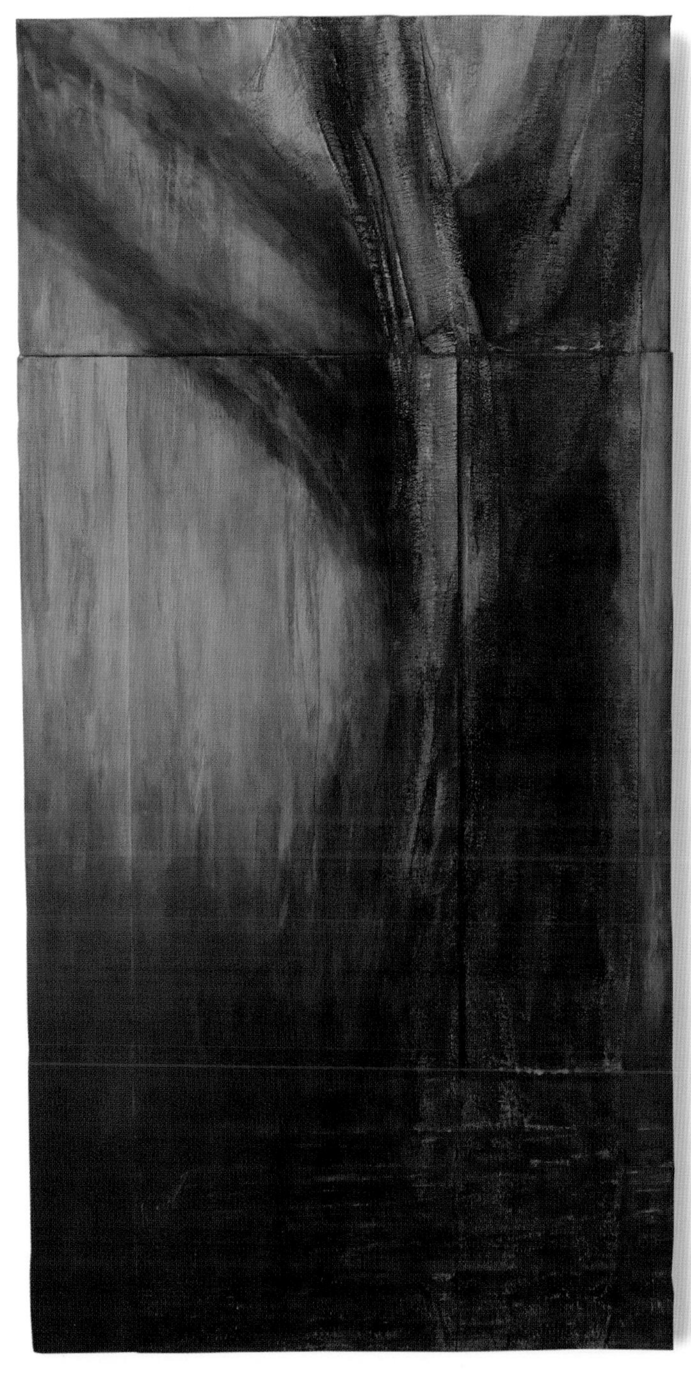

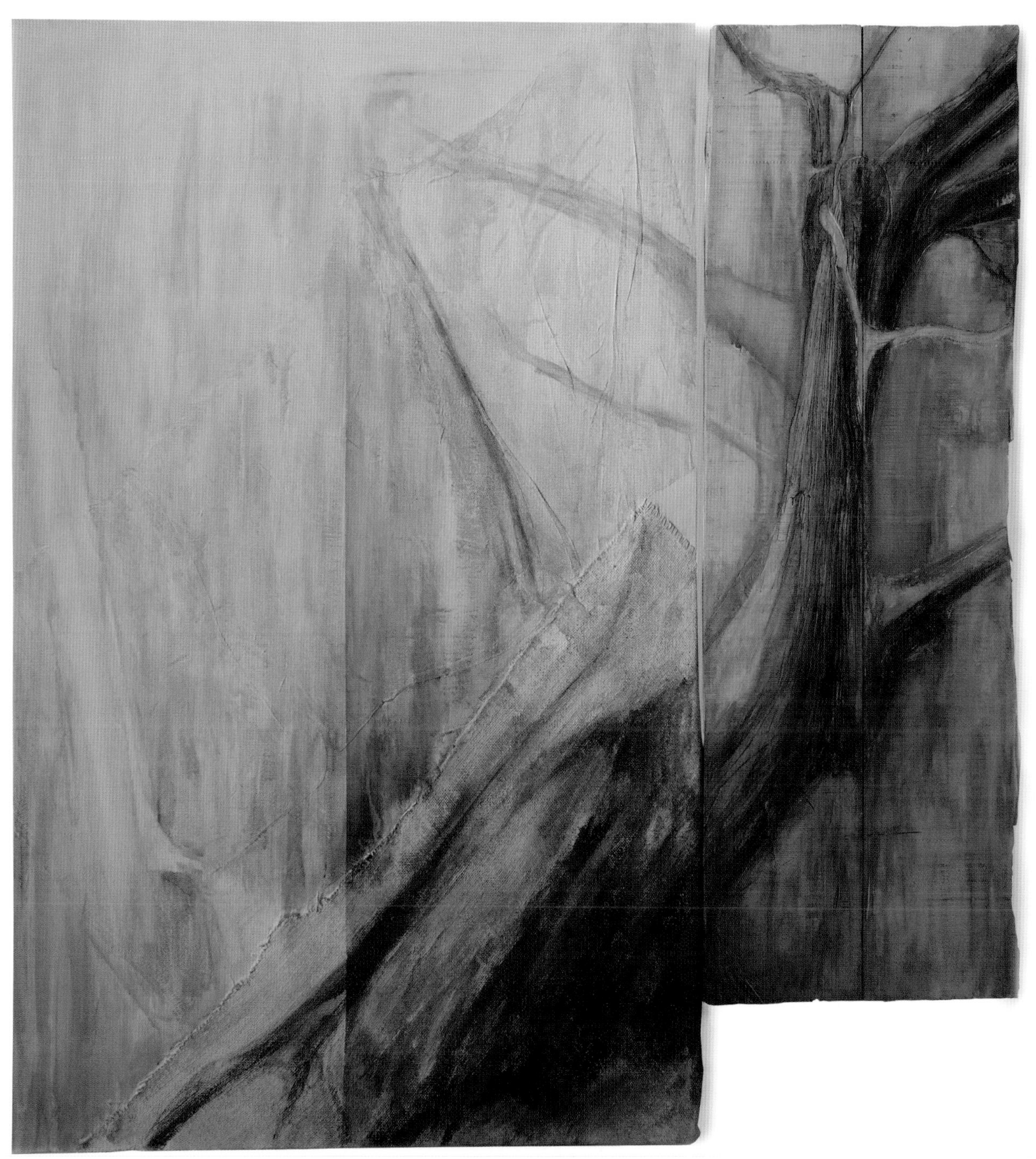

GINEA

Acrílico sobre madera | 130 x 87 cm | 2025

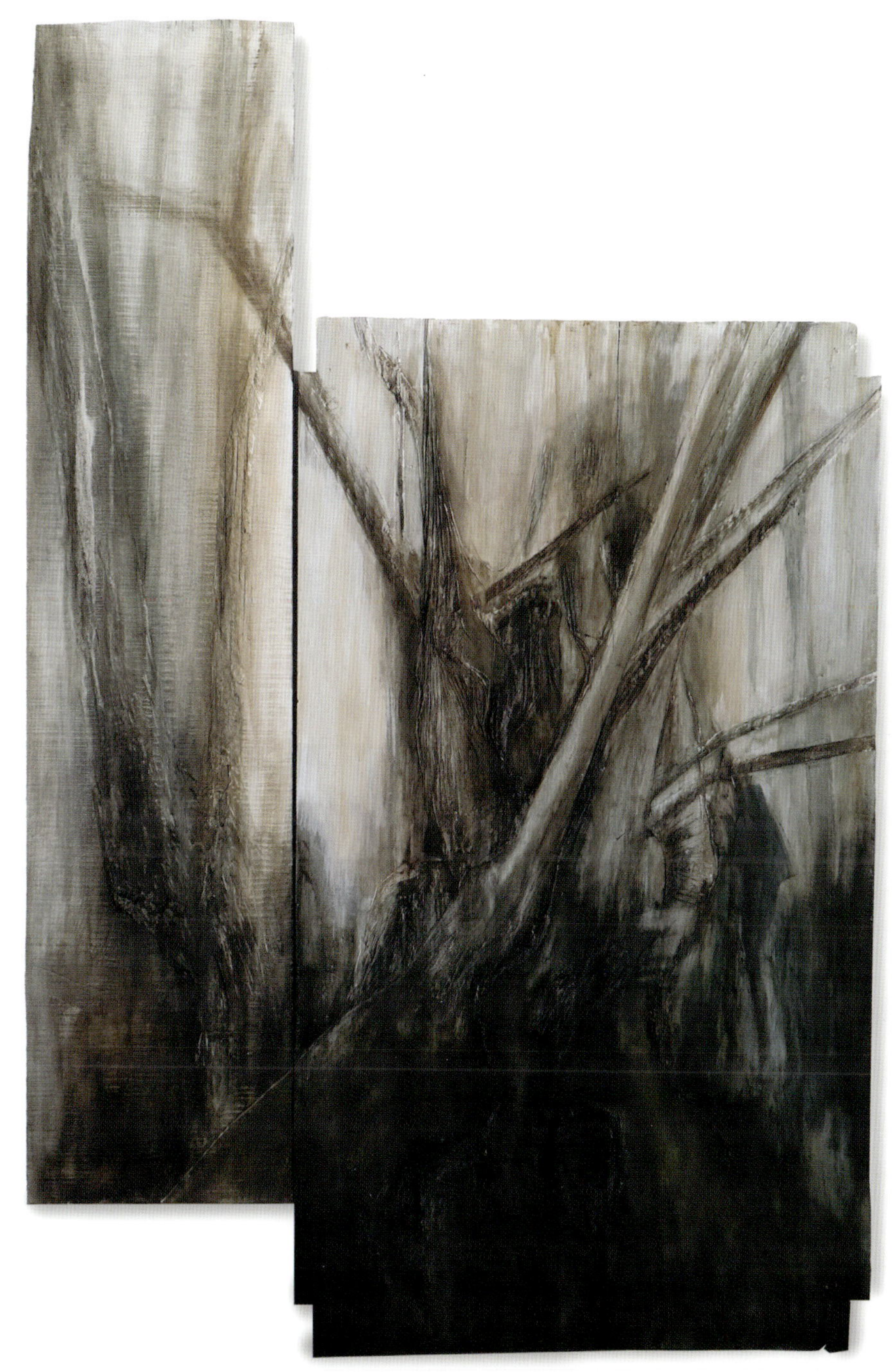

IATRÍA

Acrílico sobre tela y madera | 130 x 120 cm | 2025

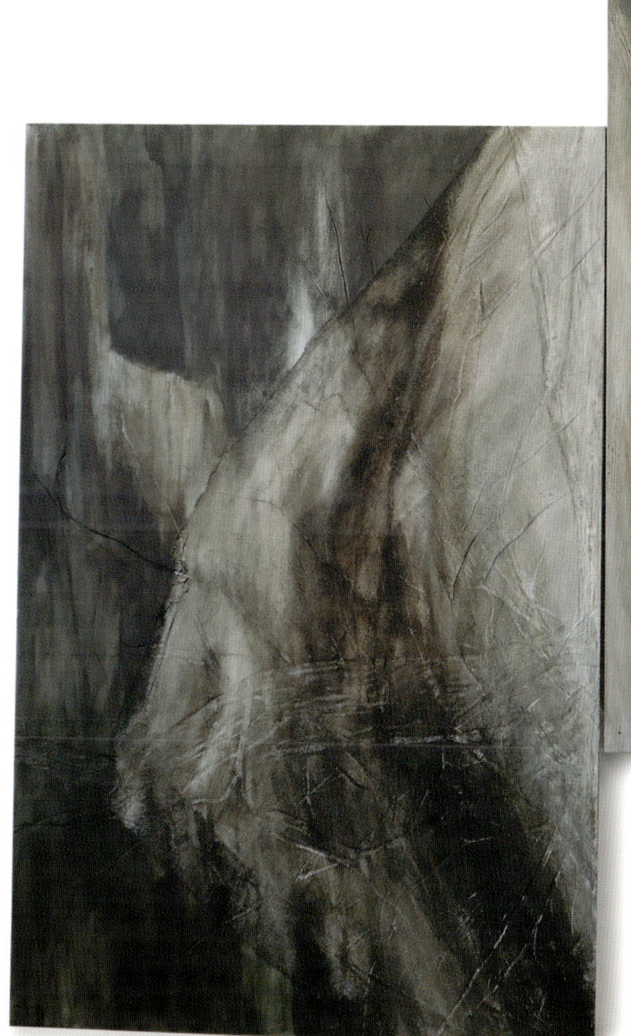
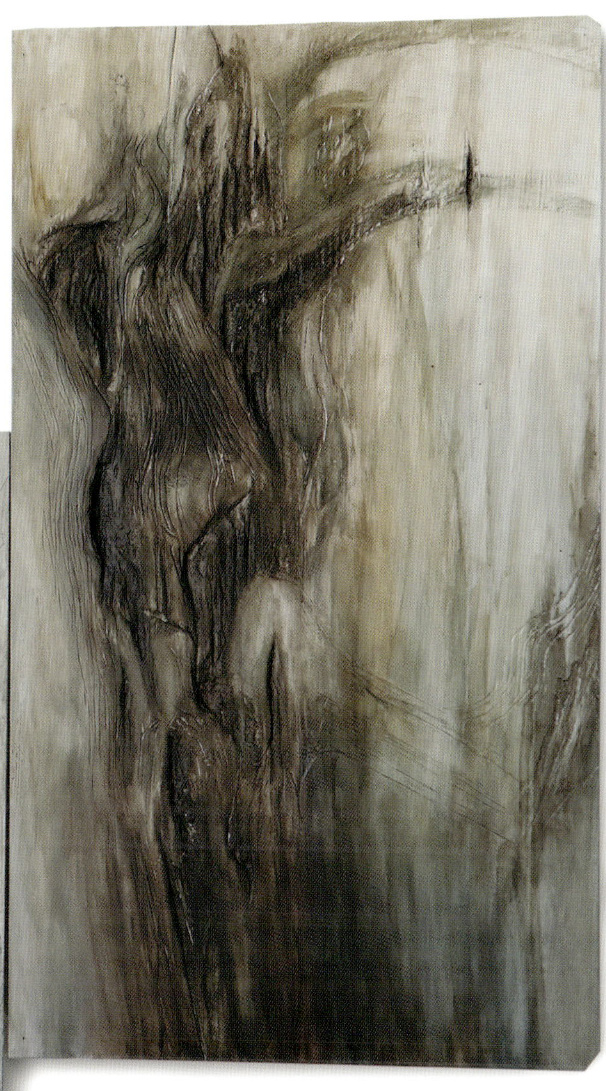

GARA

Acrílico sobre tela y madera | 130 x 98 cm | 2025

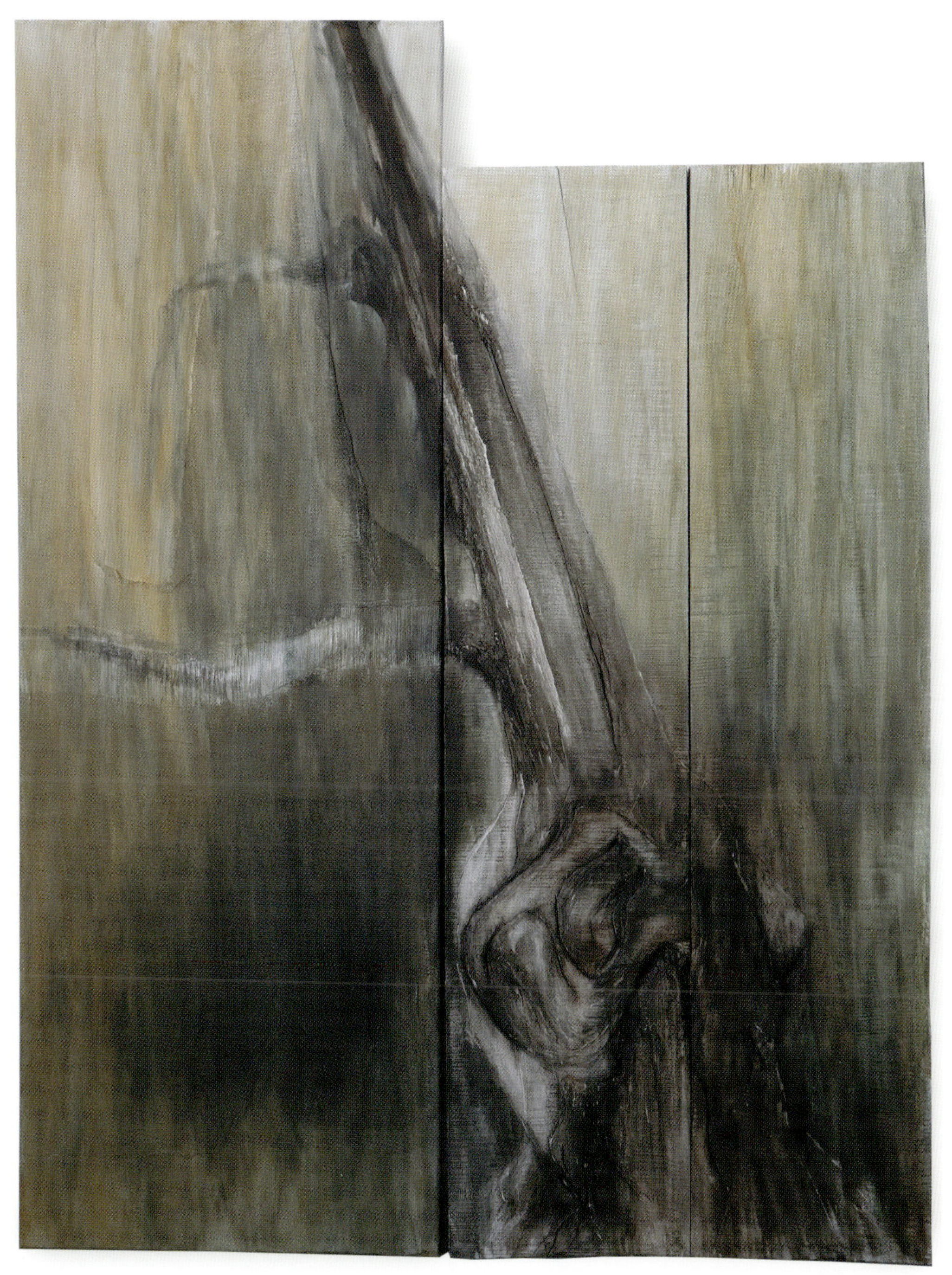

LIEVA

Acrílico sobre tela y madera | 130 x 71,5 cm | 2025

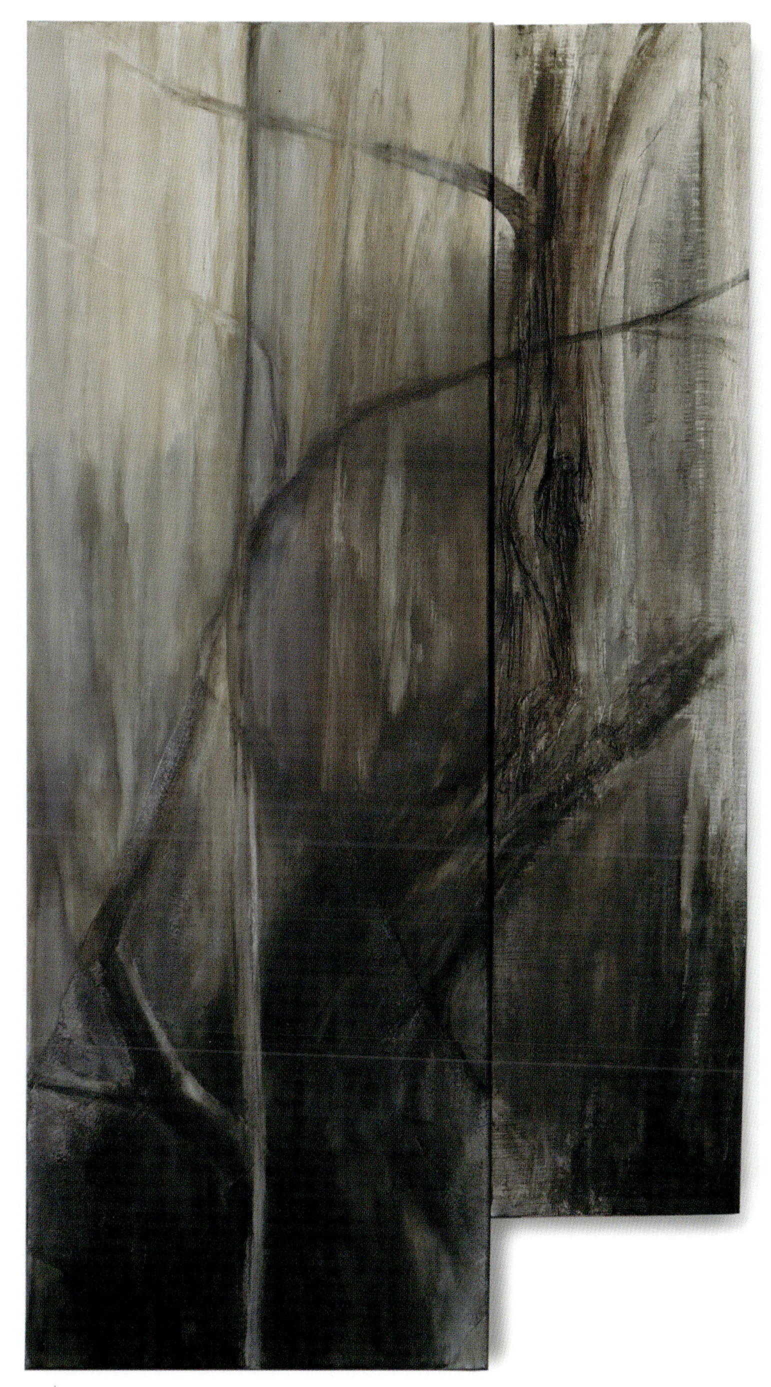

GLEBA

Acrílico sobre tela y madera | 130 x 120 cm | 2025

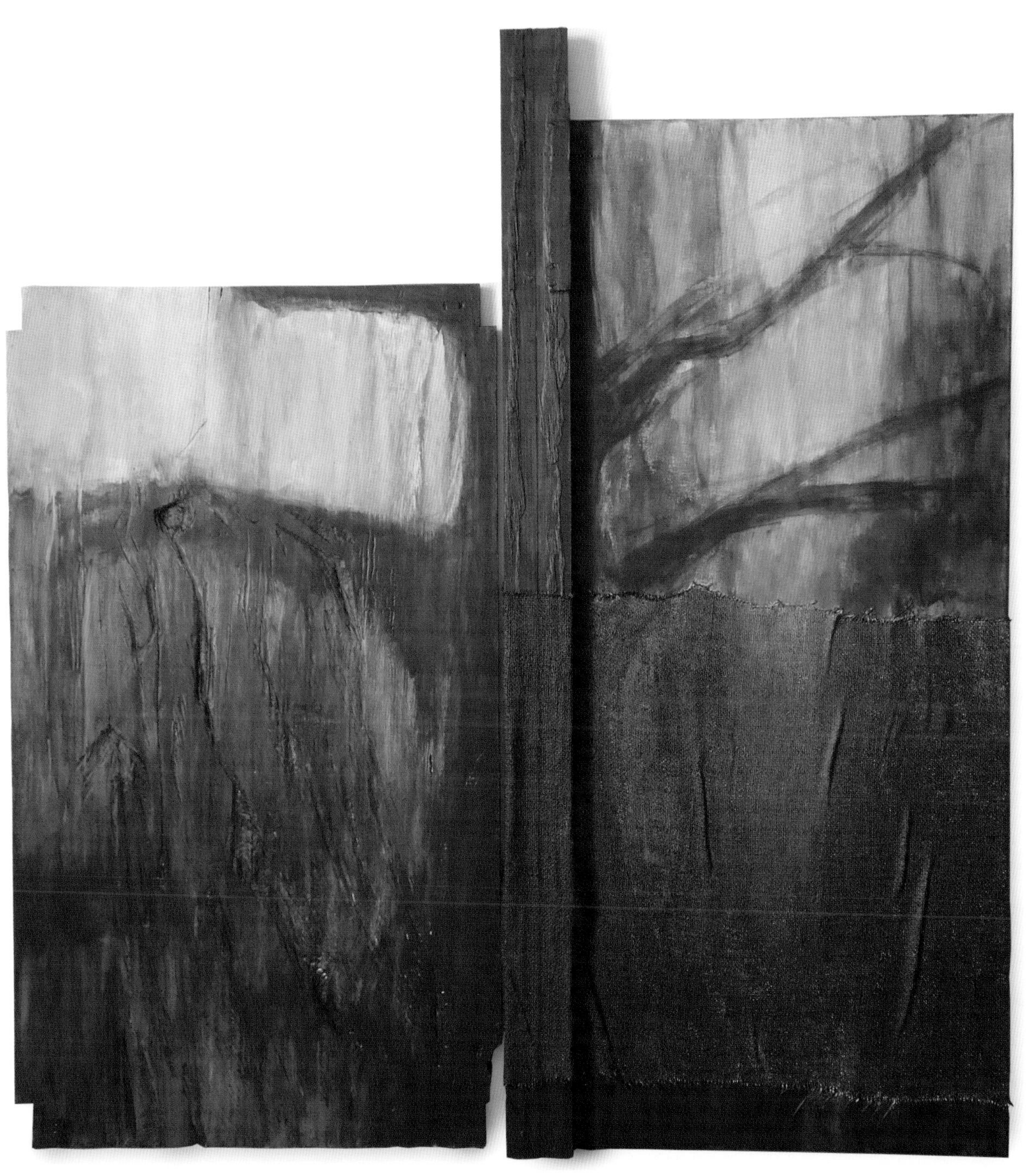

SOBRE CAMIO I

Lápiz sobre papel | 98 x 98 cm | 2024

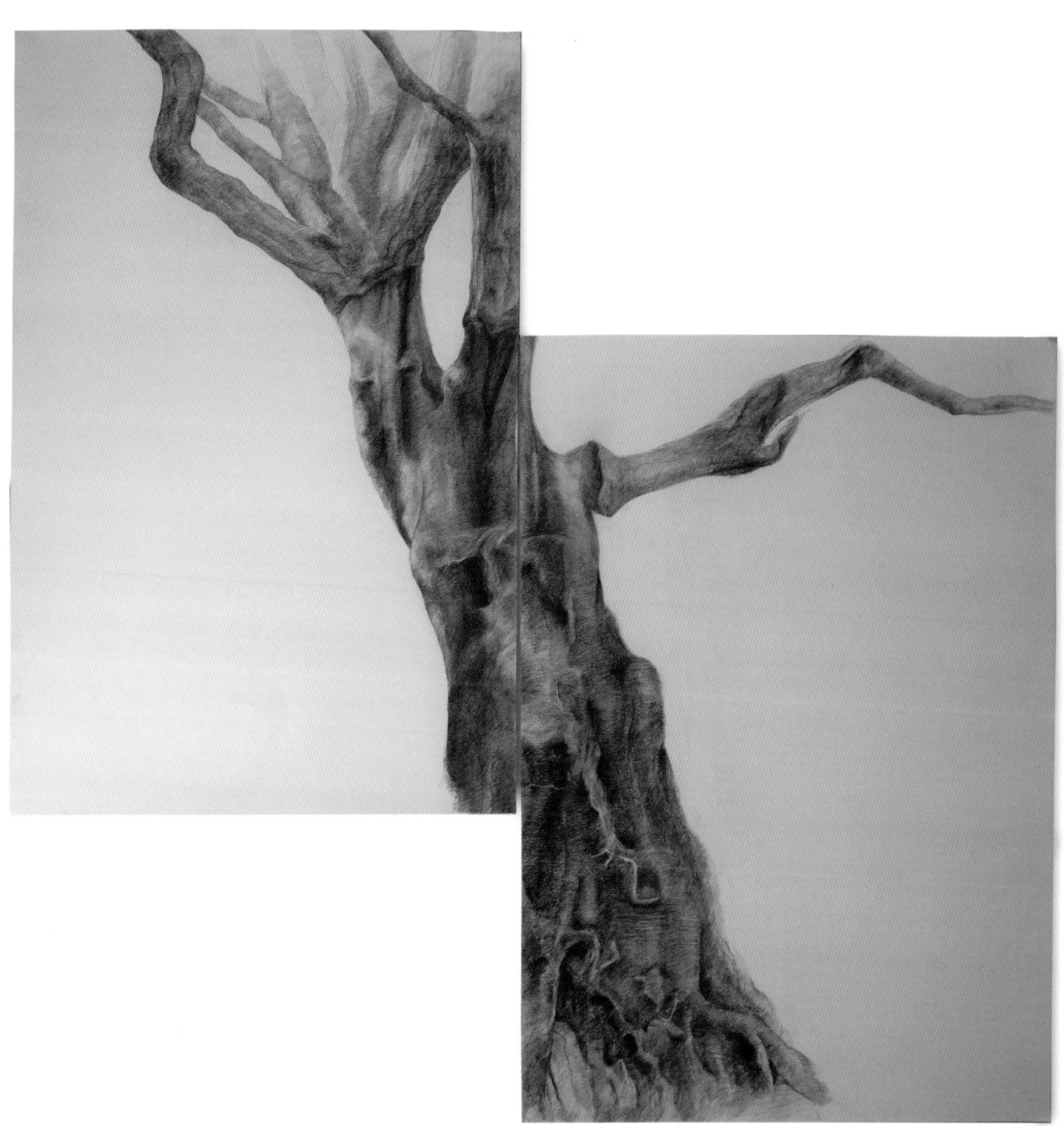

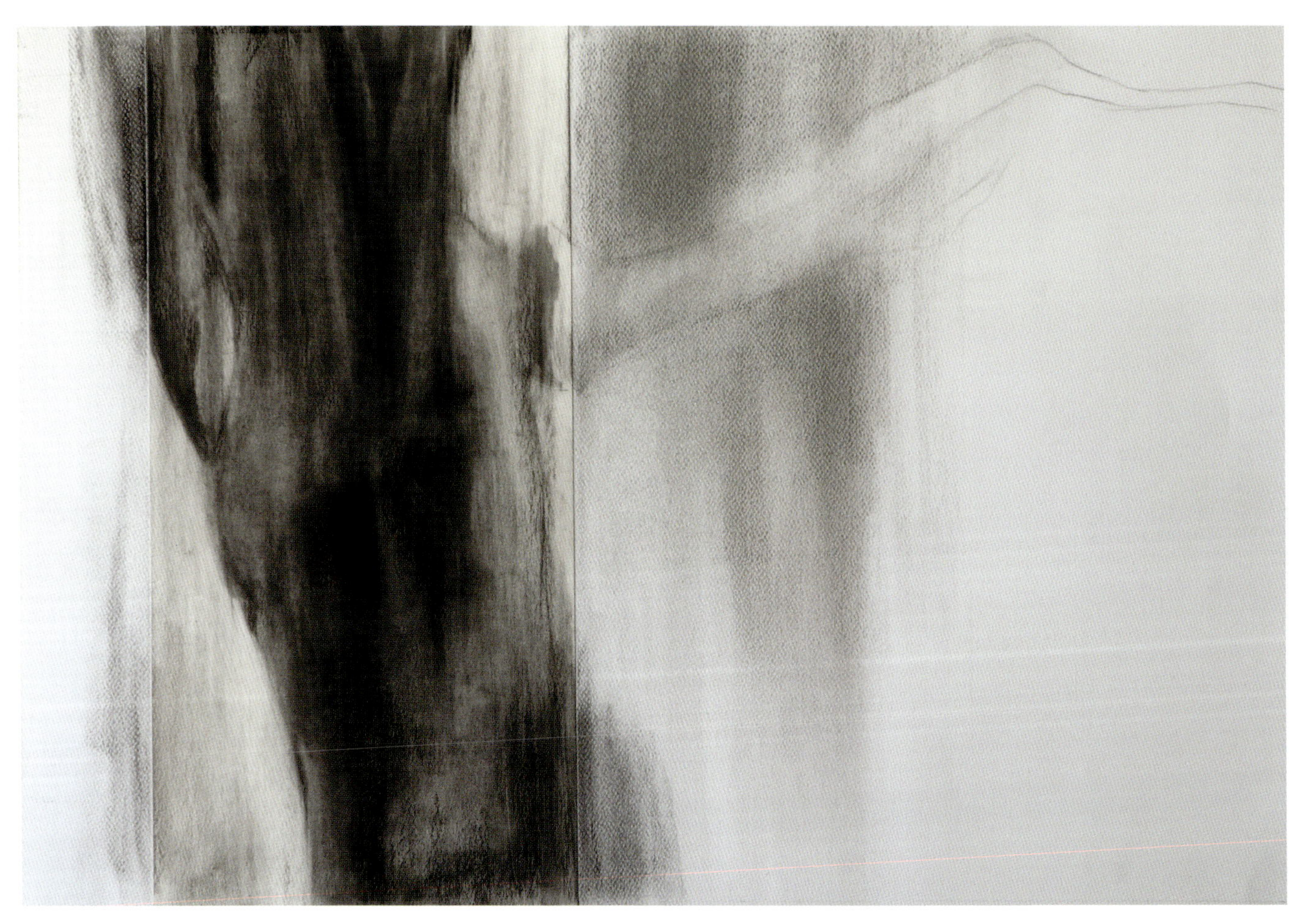

SOBRE CAMIO II
Lápiz sobre papel | 47 x 70 cm | 2024

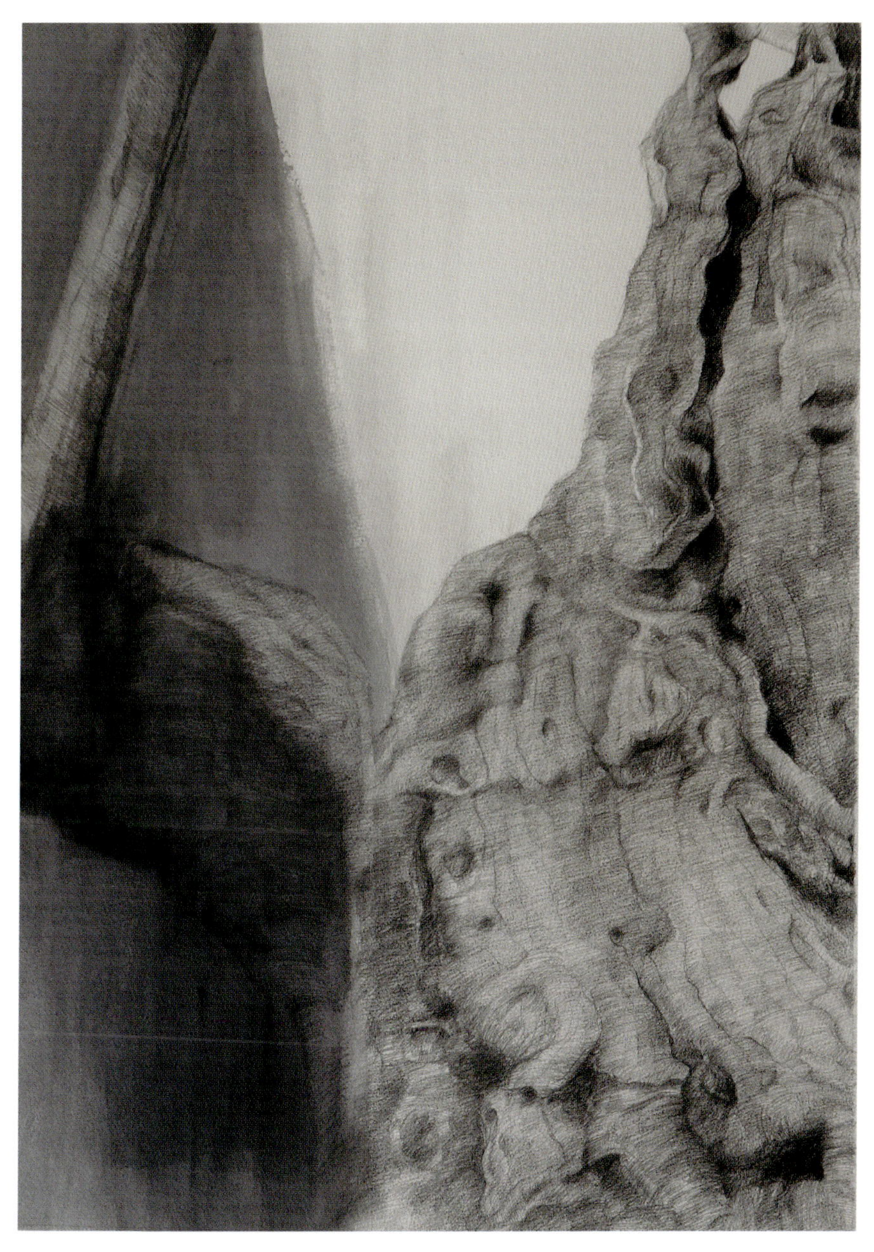

SOBRE IATRÍA

Lápiz y aguada sobre papel | 70 x 50 cm | 2025

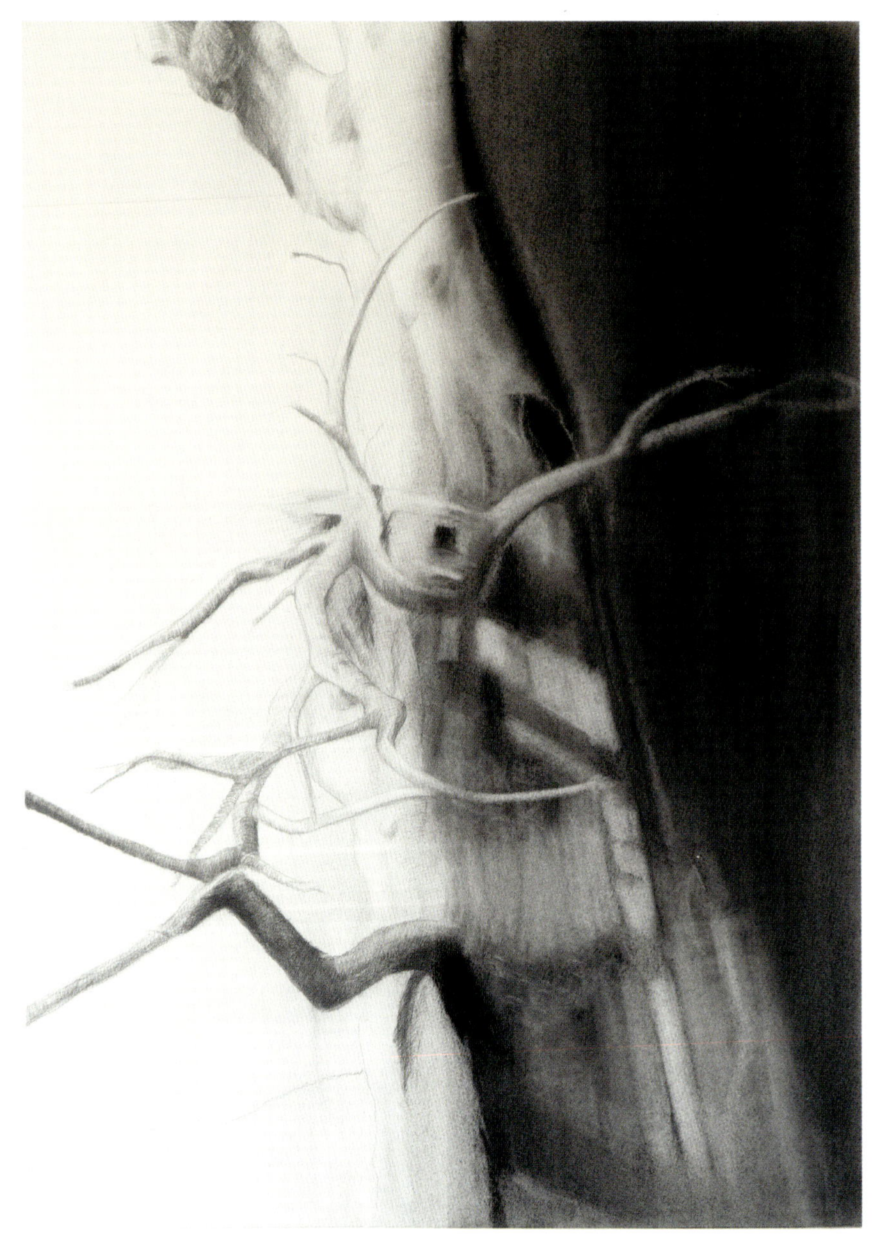

SOBRE GARA

Lápiz y pastel sobre papel | 70 x 50 cm | 2025

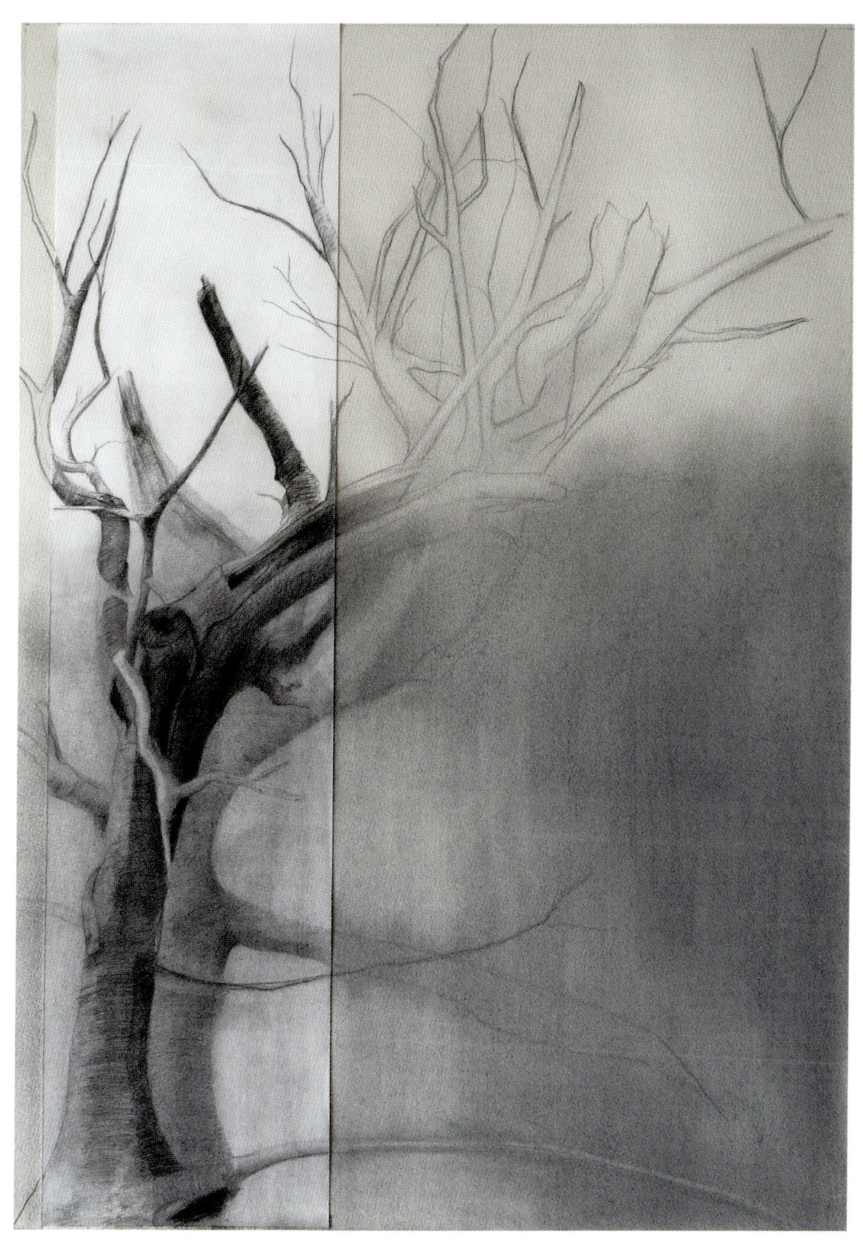

SOBRE ALBERA

Lápiz y pastel sobre papel | 70 x 50 cm | 2025

ÁNIMA

Lápiz sobre papel | 100 x 60 cm | 2025

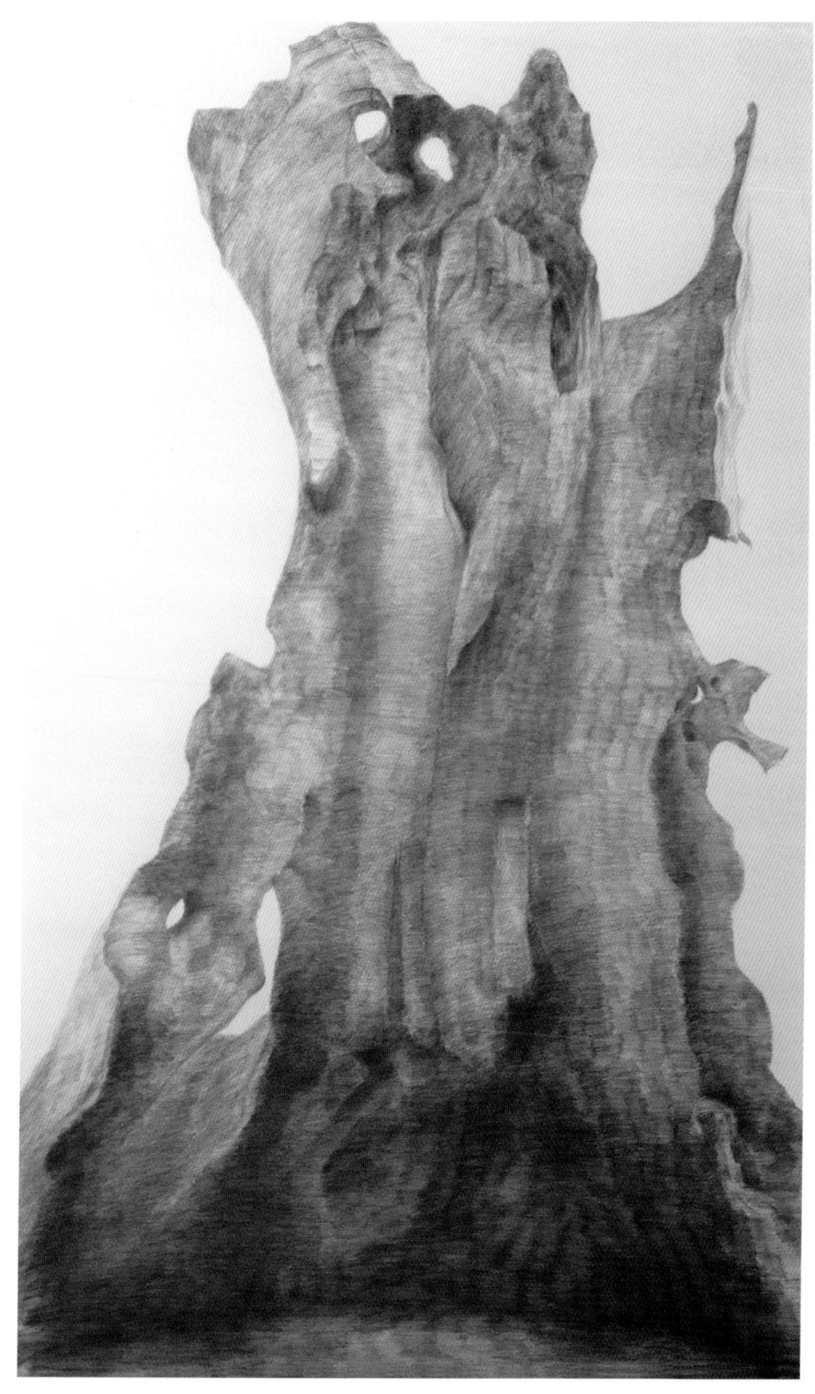

PURIFICACIÓN DEL BOSQUE

Licenciada en Bellas Artes por la Universidad de Salamanca, completó su formación con cursos de Grabado y Pintura en el Taller Sumer de Madrid. Actualmente compagina su trabajo con la docencia en un centro de Secundaria en Extremadura.

EXPOSICIONES

2024   Exposición individual "Entre lluvias", Espacio Cultural La Enredadera, Mérida.

2023-2024 Exposición individual "De agua y sombra", Centro Cultural Quinta del Berro-Rafael Altamira, Madrid.

2022   Exposición individual "El cielo dormido", Espacio Cultural Núñez de Balboa 40, Madrid.

2016   Exposición individual de ilustraciones del libro "Entre líneas", librería Cervantes y Compañía, Madrid.

2010   Exposición individual Galería "No te salves contenedor de arte", Béjar.

2009   Exposición individual Escuela "Letra Hispánica", Salamanca.

2008   Exposición individual Galería La Tea, Plasencia.

2007   Exposición individual Aula de Cultura, Navalmoral de la Mata.

2004   Exposición individual Ateneo de Plasencia.

2001   Exposición individual en el Ateneo de Madrid.

1999   Seleccionada en el "Premio Nacional de Grabado", Calcografía Nacional, Madrid.

1999   Exposición colectiva "ExpoOcio", Parque ferial Juan Carlos I, Madrid.

1997   Exposición individual Sala de exposiciones de Caja Salamanca y Soria, Béjar.

1997   Exposición individual Espacio de Arte Pradillo, Madrid.

1996   Exposición colectiva "Artistas bejaranos", Casino Obrero, Béjar.

1994   Seleccionada en el "XII Certamen Regional Artis", Galería Artis, Salamanca.

1994   Exposición colectiva "Artistas bejaranos", Casino Obrero, Béjar.

1990   Exposición colectiva "Salir al exterior", Casa Lis, Salamanca.